# BEI GRIN MACHT SICH IHR
# WISSEN BEZAHLT

- Wir veröffentlichen Ihre Hausarbeit,
  Bachelor- und Masterarbeit

- Ihr eigenes eBook und Buch -
  weltweit in allen wichtigen Shops

- Verdienen Sie an jedem Verkauf

## Jetzt bei www.GRIN.com hochladen
## und kostenlos publizieren

Manuel Kröger

# Tonaufnahmen im Wandel der Zeit

GRIN Verlag

**Bibliografische Information der Deutschen Nationalbibliothek:**

Die Deutsche Bibliothek verzeichnet diese Publikation in der Deutschen National-
bibliografie; detaillierte bibliografische Daten sind im Internet über http://dnb.d-
nb.de/ abrufbar.

**Impressum:**

Copyright © 2012 GRIN Verlag GmbH
Druck und Bindung: Books on Demand GmbH, Norderstedt Germany
ISBN: 978-3-656-53896-7

**Dieses Buch bei GRIN:**

http://www.grin.com/de/e-book/263729/tonaufnahmen-im-wandel-der-zeit

Ludwig-Maximilians-Universität

# Tonaufnahmen im Wandel der Zeit

Referatstext mit Handout

UserInstitut für Theaterwissenschaft
WiSe 2012/2013
Aktuelle Theaterdiskurse: Soundscapes und Klangräume – Der Acoustic Turn
Autor: Manuel Kröger

# Inhaltsangabe

# Tonaufnahmen im Wandel der Zeit

## 1. Einleitung

Ursprünglich wollte ich über „Operettenaufnahmen im Wandel der Zeit" referieren. Da dieses Thema aber zu unergiebig ist – aus dem Grund, dass nicht so viele Operettenaufnahmen verschiedener Epochen zu finden sind, und wenn, dann nur mit großem Aufwand – und da auch kein so gravierender Unterschied zwischen diesen Aufnahmen zu bemerken war – außer zwischen heutigen Aufnahmen und älteren, aber nicht zwischen verschiedenen älteren, was vor allem damit zusammenhängt, dass frühere Operettenaufnahmen, die heute leicht zu finden sind, allgemein mithilfe von Grammophon und LPs gemacht wurden, heute mit Mikrofon und digital – habe ich das Thema verallgemeinert auf „Tonaufnahmen im Wandel der Zeit". Erst einmal gibt es da eine höhere Vielfalt von Aufnahmeverfahren, dadurch verschiedenere Aufnahmequalitäten, die besser voneinander zu unterscheiden sind. Dann war es leichter, Beispiele zu finden und zwar Beispiel von den Anfängen der Tonaufnahmen bis heute, durchgängig, aus allen Epochen. Leider aber auch ist diese Zeitgeschichte des Tons nicht lückenlos dokumentarisch darzustellen. Die trotzdem hohe Vielfalt der Aufnahmeverfahren und der verschiedenen Aufnahmequalitäten bewirkt, dass es viele Beispiele gibt und diese Geschichte eher oberflächlich und exemplarisch dargestellt werden kann und nicht sonderlich in die Tiefe gegangen werden kann.

Die Möglichkeit, Sounds aufzuzeichnen und wiederzugeben, also sie zu konservieren, um sie bei Bedarf zur Verfügung zu haben und zu reproduzieren, besitzt, genau wie Bildaufnahmeverfahren mit Licht, eine relativ junge Geschichte. Doch in dieser kurzen Zeit von 135 Jahren sind unsere Aufnahmeverfahren so stark ausgereift, dass die Sounds heute mit solch einer hohen Qualität aufgezeichnet werden können, dass sie verlust- und störungsfrei sind, mit der Möglichkeit, diese Sounds so wiederzugeben, dass sie wie „real" wirken (Stereo- bzw. Surround-Sound). Sie können sogar seit der Erfindung des Tonbandes manipuliert werden und dadurch besser als die Realität sein, ein realitätsfernes Ideal. So können die meisten Tonaufnahmen nicht mehr als authentisch, als „echt" und unverfälscht, wahrheitsgetreu angesehen werden. Die schlechteren mechanischen Aufnahmeverfahren von früher waren

3

also authentischer als die hochtechnisierten digitalen von heute es sind. Dass heute schon der Gipfel der Qualität und Technik erreicht ist, bezweifle ich. Sicher werden die Sounds mit noch höherer Genauigkeit und Qualität aufgezeichnet und noch „idealer" wiedergegeben werden können. Die perfekte Illusion ist sicher noch nicht erreicht. Denn

> [a]lle technischen Einflüsse und der verantwortungsvolle, selektive Einsatz der sich bieten den Einflussmöglichkeiten haben letzten Endes ein Ziel: das Optimum einer klanglichen Reali sation eines musikalischen Kunstwerks zu ermöglichen.[1] (Kier, Herfrid: S. 19)

Und Martin Elste (Musikhistoriker und Diskologe) meint „zum Verhältnis von medial vermittelter und live dargebotener Musik" (Kier: S. 17):

> Trotz alledem, ungeachtet aller noch spektakulären technischen Neuerungen sind die Tonträger bis heute ein Kompromiss geblieben, wenn auch ihre technische Entwicklung ihn immer erträglicher gemacht hat. Überspitzt formuliert, ist aus rezeptionsästhetischer Sicht heute sogar das über den Tonträger wahrgenommene Klanggeschehen auf oft fragwürdige Wiese zum Ideal des sinnlichen Musikkonsums geworden, während sich das Livekonzert mehr und mehr nur als Kompromiss zwischen ganzheitlicher Musikrezeption und dem selten erreichbaren Ideal akustisch perfekter Klangkultur behaupten kann.[2]

**Frage:** *Was ist „besser": die ideale, manipulierte Tonaufzeichnung oder ein selbst erlebtes Live-Konzert?*

Die Qualität der Klangaufzeichnung und –wiedergabe hängt natürlich ab von der Art der Hilfsmittel, mit denen die Sounds aufgezeichnet und abgespielt werden, und von den technischen Möglichkeiten und Leistungen dieser Hilfsmittel. Diese Hilfsmittel sind technische Errungenschaften, welche sich mit der Zeit veränderten, verbesserten, auf verschiedenste und neue Art und Weisen, und mit ihnen änderten sich auch die Arten von Klangaufzeichnung und die Aufnahme- und Wiedergabequalität.

Dies Referat soll eine kleine Reise durch die Zeitgeschichte der Tonaufnahme sein.

---

[1] Kier, Herfrid: *Der fixierte Klang. Zum Dokumentarcharakter von Musikaufnahmen mit Interpreten Klassischer Musik.* Köln: Verlag Dohr, 2006. S. 19.
[2] Kier: S. 17.

4

## 2. Der Sound und seine Aufnahmeverfahren

Beginnen wir aber bei den Basics: was ist ein Sound und welche Möglichkeiten der Aufzeichnung resultieren aus seinen physikalischen Eigenschaften? Wie funktioniert es also, einen Sound aufzuzeichnen?

Es sind drei Systeme dafür verantwortlich, dass wir Musik bzw. allgemein akustische Signale wahrnehmen können: erstens die Quelle, zweitens das Medium und drittens wir, die Empfänger. Diese drei Systeme verbindet der Schall, eine Schwingung, die sich in Form von Wellen ausbreitet. Die Schallwellen also werden durch eine Kompression und Expansion des Mediums – meistens die Luft, aber auch Festkörper oder Flüssigkeiten – erzeugt.

Die Quelle wird aktiviert durch den primären Anregungsmechanismus (Zupfen einer Saite, Lippen eines Blechbläsers, das Versetzen der Stimmbänder eines Sängers in Schwingung), durch diesen Anregungsmechanismus wird das Schwingungselement (Saite, Stimmbänder) in Bewegung/Schwingung versetzt. Diese werden durch das Medium (Luft, Wasser, Metall) weitergeleitet und die Schallwellen versetzen beim Empfänger (Zuhörer) das Trommelfell in mechanische Schwingungen, welche dann im Innenohr in elektrische Nervenimpulse umgewandelt werden. Das Gehörnervensystem leitet die neuronalen Signale an das Gehirn weiter, wo diese verarbeitet werden, sodass wir den Klang bewusst wahrnehmen können.

Interessant sind hier aber vor allem die physikalischen Eigenschaften: die Schallwellen und das Versetzen von Membranen in mechanische Schwingungen durch diese Schallwellen.

Aus diesen physikalischen Gegebenheiten resultieren die Beschaffenheiten von Aufzeichnungsmitteln und Tonträgern. Sie arbeiten mit den Schallwellen und zeichnen diese auf.

Wann entstand die erste Tonaufnahme, wie haben sich die Aufnahmeverfahren mit der Zeit geändert und damit die Aufnahmequalität?

## 2.1 Mechanische Aufnahmeverfahren

**1877**
- Edison: Konstruktionsskizzen für den Phonographen, der von seinem Mechaniker John Kruesi gebaut wird.

**1885**
- Emil Berliner erfindet den plattenförmigen Tonträger, Es handelt sich um eine Scheibe, in deren wachsüberzogene Oberfläche die Tonrillen eingravierte waren. Ein galvanischer Abzug ermöglicht es, Matrize für Kopien herzustellen. Material der Kopien: Hartgummi und Schellack.

**1886**
- Die Volta Laboratories mit Alexander Graham Bell, Chichester Bell und Charles Tainter erhalten ein Patent für eine Sprechmaschine mit dem Namen Graphaphon, die auf Edisons Phonographen basiert. Sie ersetzen die Zinnfolie durch einen Wachszylinder.

**1888**
- Emil Berliner führt seine Sprechmaschine, das Grammophon, vor

**1898**
- Waldemar Poulsen entwickelt eine Methode zur magnetischen Aufzeichnung von elektrischen Signalen auf Draht und Stahlband.

**1900**
- Thomas Lambert erhält ein Patent für die Benutzung von Celluloid als plattenförmiger Tonträger. Es handelt sich um den ersten Vorschlag für die Verwendung von Kunststoff für die Herstellung von Schallplatten.

**1901**
- Die National Phonograph Company und die Victor Talking Machine Company kommen zu dem Schluss, dass das Herstellen einer Negativform für die Walzen- und Plattenherstellung mit einem elektrochemischen Plattierungsprozess (Galvanisieren) das zweckmässigste Mittel für eine Massenproduktion von Walzen und Platten darstellt.

**1904**
- In England werden sogenannte Neophone-Schallplatten aus Celluloid mit einem Durchmesser von 22" hergestellt.
- Die französische Firma Pathé verwendet für die Plattenherstellung Schellack.

**1912**
- Edison entwickelt seine letzte Tonwalze, den Blue Amberol Cylinder mit einer Celluloid-Oberfläche. Die Qualität dieses Tonträgers übertrifft alles, was auf dem Markt angeboten wird.

**1920**
- Der Rundfunk erobert die Welt. Kopfhörer und Lautsprecher verdrängen das Trichtergrammophon.

## 2.2 Elektrische Aufnahmeverfahren

**1923**
- Erster Filmton: Henry Stroller und Harry Pfannenstiel entwickeln eine Möglichkeit zum Synchronisieren von Schallplatte und Film mit zwei gekoppelten Elektromotoren. Die Tonaufnahme wird auf einer Platte mit einem Durchmesser von 16", der sogenannten "Plater" gemacht.
- Lee De Forest führt das Fimtonverfahren mit dem auf dem Film aufgezeichneten Ton ein (The De Frost Phonofilm Corporation).

**1925**
- Western Electric mit Joseph Maxfield und H. Harrison entwickeln das elektrische Aufnahmeverfahren mit Kondensatormikrofon, Röhrenverstärker, Magnet-Schneidedose, Magnet-PicUp, Leistungsverstärker und Lautsprecher. Als erste verwenden Columbia und Victor das neue Tonverfahren.

**1926**
- Erster Tonfilm mit Tonaufzeichnung auf Platte der Firma Vitaphone Corp., einer Tochterfirma von Warner Bros. und Western Electric. Titel des Films: Don Juan.

**1927**
- Erste Langspielplatte mit einer Spieldauer von 40 Minuten, entwickelt von Edison.

**1929**
- Einführung der Magnetton-Technik. In der Folge wird die Magnettontechnik in Radiostudios vieler Länder angewendet. Der Dresdner Fritz Pfleumer ist der Erfinder des flexiblen, leicht zu handhabenden Tonbandes. Es dauert aber noch Jahre, bis aus Pfleumers mit Eisenoxyd beschichteten Papierstreifen das Tonband wird, wie wir es heute kennen. Hauptträger der Entwicklung sind in Deutschland die IG Farben für das Band und die AEG für die Aufnahme- und Abspielgeräte.

**1936**
- Das Tefifon-Schallband wird eingeführt.

**1948**
- Erfindung der Magnettonplatte.

**1953**
- Bespielte Tonbänder kommen auf den Markt. Bespielte Stereo-Tonbänder sind die ersten Stereo-Tonträger für Consumer.

**1963**

- Philips führt die erste Compact Kassette Tape Cartridge ein. Die Kassetten kommen aber erst fünf Jahre später erfolgreich auf dem Markt. Vorerst dominieren noch die Achtspur-Endloskassetten.

**1979**

- Sony startet die Markeinführung des Walkman.

## 2.3 Digital Audio

**1964**

- Die erste Laserdisc wird 1964 von Philips vorgestellt.

**1979**

- Die Zusammenarbeit von Philips und Sony führt zur Entwicklung der Compact Disc (CD).

**1982**

- Markteinführung der CD.

**1988**

- Die Verkaufszahlen der CD übertreffen zum ersten Mal die der LP.
- Den größten Verkaufserfolg hat bis dato aber immer noch die Musikkassette.

## 3. Quellen:

Literatur:

- Kier, Herfrid: *Der fixierte Klang. Zum Dokumentarcharakter von Musikaufnahmen mit Interpreten Klassischer Musik.* Köln: Verlag Dohr, 2006.
- Roederer, Juan G.: *Physikalische und psychoakustische Grundlagen der Musik.* Berlin: Springer-Verlag, 2000.
- Haas, Walter: *Das Jahrhundert der Schallplatte. Eine Geschichte der Phonographie.* Bielefeld: Bielefelder Verlagsanstalt KG, 1977.

Ludwig-Maximilians-Universität München
Institut für Theaterwissenschaft
WiSe 2012/13
Aktuelle Theaterdiskurse: Soundscapes und Klangräume – Der Acoustic Turn
Autor: Manuel Kröger
11.12.2012

# Tonaufnahmen im Wandel der Zeit

## 1. Mechanische Aufnahme

**1877 Edison**
- Konstruktionsskizzen für den *Phonographen*, der von seinem Mechaniker John Kruesi gebaut wurde.

**1885**
- Emil Berliner erfindet den plattenförmigen Tonträger, Es handelt sich um eine Scheibe, in deren wachsüberzogene Oberfläche die Tonrillen eingravierte werden. Ein galvanischer Abzug ermöglicht es, Matrizen für Kopien herzustellen. Material der Kopien: Hartgummi und Schellack.

**1886**
- Die Volta Laboratories mit Alexander Graham Bell, Chickester Bell und Charles Tainter erhalten ein Patent für eine Sprechmaschine mit dem Namen Graphaphon, die auf Edisons Phonographen basiert. Sie ersetzen die Zinnfolie durch einen Wachszylinder.

**1888**
- Emil Berliner führt seine Sprechmaschine, das *Grammophon*, vor.

**1898**
- Waldemar Poulsen entwickelt eine Methode zur magnetischen Aufzeichnung von elektrischen Signalen auf Draht und Stahlband.

**1900**
- Thomas Lambert erhält ein Patent für die Benutzung von Celluloid als plattenförmiger Tonträger. Es handelt sich um den ersten Vorschlag für die Verwendung von Kunststoff für die Herstellung von Schallplatten.

**1901**
- Die National Phonograph Company und die Victor Talking Machine Company kommen zum Schluss, dass das Herstellen einer Negativform für die Walzen- und Plattenherstellung mit einem elektrochemischen Plattierungsprozess (Galvanisieren) das zweckmäßigste Mittel für eine Massenproduktion von Walzen und Platten darstellt.

**1904**
- In England werden sogenannte Neophone-Schallplatten aus Celluloid mit einem Durchmesser von 22" hergestellt.
- Die französische Firma Pathé verwendet für die Plattenherstellung Schellack.

**1912**
- Edison entwickelt seine letzte Tonwalze, den Blue Amberol Cylinder mit einer Celluloid-Oberfläche. Die Qualität dieses Tonträgers übertrifft alles, was auf dem Markt angeboten wird.

**1920**
- Der Rundfunk erobert die Welt. Kopfhörer und Lautsprecher verdrängen das Trichtergrammophon.

## 2. Elektrische Aufnahme

**1923**

- Erster Filmton: Henry Stroller und Harry Pfannenstiel entwickeln eine Möglichkeit zum Synchronisieren von Schallplatte und Film mit zwei gekoppelten Elektromotoren. Die Tonaufnahme wirde auf einer Platte mit einem Durchmesser von 16", dem sogenannten "Plater", gemacht.
- Lee De Forest führt das Fimtonverfahren mit dem auf dem Film aufgezeichneten Ton ein (De Forest Phonofilm Corporation).

**1925**

- Western Electric mit Joseph Maxfield und H. Harrison entwickeln das elektrische Aufnahmeverfahren mit Kondensatormikrofon, Röhrenverstärker, Magnet-Schneidedose, Magnet-PicUp, Leistungsverstärker und Lautsprecher. Als erste verwenden Columbia und Victor das neue Tonverfahren.

**1926**

- Erster Tonfilm mit Tonaufzeichnung auf Platte der Firma Vitaphone Corp., einer Tochterfirma von Warner Bros. und Western Electric. Titel des Films: *Don Juan.*

**1927**

- Erste Langspielplatte mit einer Spieldauer von 40 Minuten, entwickelt von Edison.

**1929**

- Einführung der Magnetton-Technik. In der Folge wird die Magnettontechnik in Radiostudios vieler Länder angewendet. Der Dresdner Fritz Pfleumer ist Erfinder des flexiblen, leicht zu handhabenden Tonbandes. Zwar dauert es Jahre, bis aus Pfleumers mit Eisenoxyd beschichteten Papierstreifen das Tonband wird, wie wir es heute kennen. Hauptträger der Entwicklung sind in Deutschland die IG Farben für das Band und die AEG für die Aufnahme- und Abspielgeräte.

**1936**

- Das Tefifon-Schallband wird eingeführt.

**1948**

- Erfindung der Magnettonplatte.

**1953**

- Bespielte Tonbänder kommen auf den Markt. Bespielte Stereotonbänder sind die ersten Stereo-Tonträger für Consumer.

**1963**

- Philips führt die erste Compact Kassette Tape Cartridge ein. Die Kassette kommt aber erst fünf Jahre später erfolgreich auf den Markt. Vorerst dominieren noch die Achtspur-Endloskassetten.

**1979**

- Sony startet die Markeinführung des Walkman.

## 3. Digital Audio

**1964**

- Die erste Laserdisc wird 1964 von Philips vorgestellt.

**1979**

- Die Zusammenarbeit von Philips und Sony führt zur Entwicklung der Compact Disc (CD).

**1982**

- Markteinführung der CD.

**1988**
- Die Verkaufszahlen der CD übertreffen zum ersten Mal die der LP.
- Den größten Verkaufserfolg hat aber immer noch die Musikkassette.

**Quellen:**
- Kier, Herfrid: *Der fixierte Klang. Zum Dokumentarcharakter von Musikaufnahmen mit Interpreten Klassischer Musik.* Köln: Verlag Dohr, 2006.
- Roederer, Juan G.: *Physikalische und psychoakustische Grundlagen der Musik.* Berlin: Springer-Verlag, 2000.
- Haas, Walter: *Das Jahrhundert der Schallplatte. Eine Geschichte der Phonographie.* Bielefeld: Bielefelder Verlagsanstalt KG, 1977.